ROTE-BETE-SALAT

Zubereiten: 35 Min.

Für 4 Personen

- 700 g REWE Bio Rote Bete, vorgekocht
- 2 REWE Beste Wahl Salz-Dillgurken
- 100 g REWE Bio Junge Erbsen, tiefgefroren
- 1 EL Sahne-Meerrettich
- 1 TL Kümmel
- 150 g REWE Bio Saure Sahne
- Salz, Pfeffer
- 2 Eier (Größe M)
- 1 Stange Frühlingszwiebeln
- ½ Bund Radieschen
- 1 Pck. REWE Bio Gartenkresse

1. Rote Bete und Salz-Dillgurken in Würfel schneiden und in eine Schüssel geben. Den Gurken-Fond aufheben. Die noch gefrorenen Erbsen für etwa 3 Minuten in kochendem Salzwasser garen, abgießen und mit kaltem Wasser abschrecken. Erbsen zu dem Rest in die Schüssel geben.

2. Sahne-Meerrettich, Kümmel und Saure Sahne mit 50 ml vom Salz-Dillgurken-Fond verrühren. In die Schüssel geben, alles gut vermengen, mit Salz und Pfeffer abschmecken und ziehen lassen.

3. In der Zwischenzeit die Eier hart kochen, schälen und der Länge nach vierteln. Frühlingszwiebeln und Radieschen waschen, klein schneiden und beides vorsichtig unter den Rote-Bete-Salat heben. Abschließend mit den Ei-Vierteln und der Kresse garnieren.

WEISSER BOHNEN-SALAT

Zubereiten: 35 Min.

für 4 Personen

DEINE BASICS
- 400 g REWE Beste Wahl Weiße Riesenbohnen
- 1 rote Zwiebel
- 2 Knoblauchzehen
- 50 ml REWE Bio Natives Olivenöl extra
- 20 ml REWE Beste Wahl Condimento Rosato, Weinessig
- 1 TL Paprikapulver
- 1 TL Kräuter der Provence
- Salz, Pfeffer

DER KLEINE EINKAUF

- 80 g ja! Mandeln ganze Kerne
- 1 REWE Bio Gurke
- ½ Bund Radieschen
- 1 Topf Basilikum
- 150 g REWE Bio Ziegenkäse

1. Riesenbohnen in eine Schüssel geben. Zwiebel und Knoblauchzehen schälen und klein schneiden. Mandeln, Knoblauch und Zwiebeln mit 2 EL Olivenöl etwa 5 Minuten bei mittlerer Hitze anbraten. Alles zu den Bohnen geben und verrühren.

2. Eine halbe Gurke und Radieschen waschen, putzen und in Scheiben schneiden. Gurken, Radieschen, Weinessig, restliches Olivenöl, Paprikapulver und Kräuter der Provence zu den Riesenbohnen geben. Mit Salz und Pfeffer abschmecken. Basilikumblätter vorsichtig unter den Salat mischen und den Ziegenkäse darüber verteilen.

Inhalt

Beilagen 8

Mit Fleisch oder Fisch 22

Mit fruchtiger Note 38

Sattmacher 52

Sellerie
- 1 kg Sellerie
- 2 EL Salz

Dressing
- 1 große Zwiebel
- 1 Bund Schnittlauch
- ½ TL Salz
- 1 TL Zucker
- 6 EL Weißweinessig
- 4 EL Sonnenblumenöl
- Pfeffer aus der Mühle

Selleriesalat mit Schnittlauch

⏱ 60 Minuten * 4 Portionen

1. Den Sellerie (große Knollen halbieren) ungeschält in leicht gesalzenem Wasser etwa 40 Minuten gar kochen. Dann herausnehmen, abkühlen lassen, schälen und in etwa 2 cm große Würfel schneiden.
2. Die Zwiebel fein würfeln, den Schnittlauch in Röllchen schneiden.
3. Salz und Zucker im Essig verrühren und auflösen, über die Zwiebeln gießen und 10 Minuten stehen lassen. Das Öl unterrühren.
4. Die Selleriewürfel mit dem Dressing vermengen, mit Pfeffer würzen, abschmecken, und mit Schnittlauch bestreut servieren.

Tipp

Der Sellerie ist gar, wenn Sie mit einer Fleischgabel hineinstechen und diese sich leicht wieder herausziehen lässt. Wer die Garzeit für den Sellerie verkürzen will, verwendet einen Schnellkochtopf.

Salat
- 800 g festkochende Kartoffeln
- Salz
- 1 TL Kümmel
- ½ Kopf Endiviensalat
- 2 Zwiebeln

Dressing
- 300 ml kräftige Fleisch- oder Gemüsebrühe
- 5 EL Essig
- 4 EL Speiseöl
- 2 EL mittelscharfer Senf
- Pfeffer aus der Mühle

Kartoffel-Endivien-Salat

55 Minuten * 4 Portionen

1. Die Kartoffeln waschen und in gesalzenem Wasser mit dem Kümmel garen.
2. Den Endiviensalat putzen, waschen, trocken schleudern und in feine Streifen schneiden. Die Zwiebeln schälen und fein würfeln.
3. Die gegarten Kartoffeln abschrecken, schälen und noch warm in dünne Scheiben schneiden.
4. Für das Dressing die Brühe aufkochen und vom Herd nehmen. Mit Essig, Öl und Senf verrühren, mit Salz und Pfeffer würzen.
5. Die Kartoffelscheiben mit Zwiebelwürfeln und Dressing vermengen. Den Endiviensalat unterheben und den Salat abschmecken.

Tipp

Der Salat passt gut zu Wiener Schnitzel oder Backhähnchen.

»Wer traurig ist, dass der **Sommer** zu Ende geht, kann sich auf die **köstlichen** Produkte des **Herbstes und Winters** freuen.«

- 60 g Kürbiskerne
- 1 kg Hokkaidokürbis
- 2–3 EL Speiseöl
- Salz
- 2 Zwiebeln
- ½ Bund Petersilie
- 4 EL weißer Balsamico-Essig
- 4 EL Kürbiskernöl
- weißer Pfeffer, grob geschrotet

Salat von gebackenem Kürbis

⏲ 45 Minuten * 4 Portionen

1. Die Kürbiskerne in einer Pfanne ohne Fett bei schwacher Hitze rösten, bis sie zu duften beginnen. Herausnehmen und beiseitestellen. Den Backofen auf 190 °C vorheizen.
2. Den Kürbis waschen, halbieren und aushöhlen. In etwa 2 cm breite Spalten schneiden und diese mit Olivenöl und etwas Salz vermengen. Auf ein mit Backpapier belegtes Blech legen, und im Backofen auf der mittleren Schiene etwa 20–25 Minuten backen. Die Spalten nach der halben Backzeit einmal wenden.
3. Währenddessen die Zwiebeln schälen und in feine Ringe schneiden. Die Petersilie waschen, trocken schleudern und fein hacken.
4. Die gebackenen Kürbisspalten mit Zwiebeln, Petersilie, Balsamico-Essig und Kürbiskernöl vermischen. Mit Pfeffer und Salz würzen und abschmecken.

Tipp

Im Gegensatz zu anderen Kürbissorten kann die Schale vom Hokkaidokürbis mitgegessen werden.

Dressing
- 6 EL Weißweinessig
- 6 EL Birnendicksaft
- 5 EL Speiseöl
- Cayennepfeffer
- Salz

Salat
- 300 g Chinakohl
- 600 g Süßkartoffeln
- 2 Schälchen Kressemix
- 3 EL Sesamkörner

Süßkartoffelsalat mit Chinakohl

🕐 25 Minuten ✱ 4 Portionen

1. Für das Dressing den Essig mit Birnendicksaft, Öl, 1 Messerspitze Cayennepfeffer und 1 TL Salz vermischen.
2. Den Chinakohl putzen, waschen, trocknen, in feine Streifen schneiden und mit dem Dressing vermengen.
3. Die Süßkartoffeln schälen, längs vierteln und in 1–1,5 cm dicke Scheiben schneiden. In gesalzenem Wasser etwa 3–5 Minuten gar kochen, abgießen und mit dem Kohl vermischen.
4. Mit Salz und Cayennepfeffer abschmecken und mit Kresse und Sesam bestreut servieren.

Tipp

Der Sesam kann für einen kräftigeren Geschmack in einer Pfanne ohne Fett bei schwacher Hitze leicht angeröstet werden.

Parmesandressing
- 50 g Parmesan am Stück
- 1 Knoblauchzehe
- 1 Prise Salz
- 10 schwarze, kernlose Oliven
- ½ kleine Chilischote
- 5 EL weißer Balsamico-Essig
- 5 EL Olivenöl

Birnen-Walnuss-Dressing
- 40 g Walnusskerne
- 1 Birne
- 4 EL Quitten-Birnen-Essig, ersatzweise Apfelessig
- 2 EL Honig
- 3 EL Walnussöl
- Salz

Kartoffeldressing
- 1 kleine Zwiebel
- 1 kleine vorwiegend festkochende Kartoffel
- 3 Scheiben durchwachsener Speck
- 3 EL Öl
- 200 ml Brühe
- 4 EL Essig
- 1 EL Senf
- 1 EL gehackte Petersilie
- Salz, Pfeffer aus der Mühle

Dressings für Blattsalate
je ca. 25 Minuten * 4 Portionen

Parmesandressing
1. Den Parmesan fein reiben. Den Knoblauch schälen, klein würfeln, mit Salz bestreuen und mit der flachen Messerklinge zu einem feinen Brei zerreiben. Die Oliven würfeln. Die Chilischote halbieren, entkernen und fein hacken.
2. Den Knoblauchbrei mit Essig und Olivenöl verrühren, Parmesan, Oliven, Chili und 2–3 EL Wasser hinzufügen, verrühren, salzen und abschmecken.

Birnen-Walnuss-Dressing
1. Die Walnusskerne hacken, die Birne schälen, entkernen, vierteln und fein würfeln.
2. Quitten-Birnen-Essig mit Honig und Walnussöl verrühren, die gehackten Walnüsse mit den Birnenwürfeln unterrühren, salzen und abschmecken.

Kartoffeldressing
1. Die Zwiebel schälen und mit dem Speck fein würfeln. Die Kartoffel schälen und auch in kleine Würfel schneiden.
2. Das Öl in einer Pfanne erhitzen. Zwiebel und Speck glasig braten, Kartoffelwürfel zugeben und etwa 5 Minuten goldgelb braten.
3. Die Brühe hinzufügen, einmal aufkochen lassen. Essig und Senf unterrühren. Abkühlen lassen, mit Salz und Pfeffer würzen, abschmecken. Zuletzt die Petersilie unterrühren.

Salat vom Winterrettich

⏱ 15 Minuten ✷ Marinierzeit: 30 Minuten ✷ 4 Portionen

1. Den Winterrettich schälen und mit der Vierkantreibe grob hobeln. In einer Schüssel mit einer kräftigen Prise Salz 30 Minuten durchziehen lassen.
2. Den ausgetretenen Saft abgießen. Den Rettich mit der Sahne verrühren und mit einer Prise Zucker abschmecken.
3. Den Schnittlauch in feine Röllchen schneiden und den Salat damit bestreuen.

- 600 g Winterrettich (auch schwarzer Rettich genannt)
- Salz
- 150 g Sahne
- Zucker
- 1 Bund Schnittlauch

Tipp

Der Winterrettich wird auch schwarzer Rettich genannt und ist im Gegensatz zu seinem großen Bruder, dem weißen Bierrettich, klein, rund und hat eine tiefschwarze, raue Schale. Heilkräftiger Saft kann durch Einlegen des Rettichs in Zucker gewonnen werden. Dank seiner antioxidativen Wirkung ist er ein natürliches Hausmittel gegen Husten.

Dressing
* 3 TL frischer grüner Pfeffer
* 1 Bio-Zitrone
* 6 EL Olivenöl
* Salz

Salat
* 400 g Champignons
* 1 Schale Gartenkresse
* 200 g Knusper-Müsli

Champignonsalat mit Knusper-Müsli

10 Minuten * 4 Portionen

1 Den Pfeffer zerstoßen. Die Hälfte der Zitronenschale abreiben, den Saft auspressen.
2 Den Pfeffer mit Öl, Zitronensaft und -schale zu einem Dressing verrühren, mit Salz abschmecken.
3 Die Champignons putzen, in dünne Scheiben schneiden und mit dem Dressing marinieren, mit Kresse und Knusper-Müsli garnieren.

Tipp

Achten Sie beim Kauf der Pilze auf schöne weiße Kappen ohne braune Stellen. Der Saum der Kappen sollte dicht am Stängel anliegen und die Lamellen verdecken.

»Die **knusprige** Zutat ist eine attraktive Ergänzung für die **zarten Champignons**.«

Salat
- 800 g blaue Kartoffeln (Vitelotte, Trüffelkartoffeln oder Blaue Schweden)
- Salz
- 1 kleiner Kopf Friséesalat
- 150 g Brunnenkresse
- 400 g Nordseekrabben (Kühlregal)

Dressing
- ½ Bund Dill
- 1 Bund Schnittlauch
- 200 g saure Sahne + etwas mehr zum Servieren
- Pfeffer aus der Mühle

Brunnenkressesalat mit Krabben

🕓 25 Minuten ✳ 4 Portionen

1. Die Kartoffeln mit Wasser bedecken, salzen und gar kochen.
2. In der Zwischenzeit Dill und Schnittlauch waschen, trocken schleudern. Vom Dill vier schöne Spitzen abzupfen und beiseitelegen, den Rest fein hacken. Den Schnittlauch in feine Röllchen schneiden und mit dem gehackten Dill in die saure Sahne rühren. Mit Pfeffer und Salz abschmecken.
3. Salat und Kresse waschen, klein zupfen und mit dem Sahne-Dressing vermengen.
4. Die gegarten Kartoffeln abgießen, schälen und in mundgerechte Stücke schneiden.
5. Den Salat mit den Krabben anrichten. Etwas saure Sahne darübergeben und mit Dillspitzen garnieren. Die Kartoffeln dazu reichen.

»Die **blaue Kartoffel** gehört zu den alten ertragsärmeren Sorten. Dank ihres **nussigen Aromas** ist sie jedoch wieder öfter erhältlich.«

- 2 reife Avocados
- 1 Zitrone
- 6 EL Olivenöl
- 2 Dosen Kidneybohnen (Abtropfgewicht gesamt: 500 g)
- 2 Dosen Thunfisch (Abtropfgewicht gesamt: 280 g)
- gerebelter Oregano
- 4 EL Kapernäpfel
- Pfeffer aus der Mühle
- Salz

Avocado-Thunfisch-Salat mit Kapern

⏱ 15 Minuten ✳ 4 Portionen

1. Die Avocados halbieren, die Steine entfernen. Das Fruchtfleisch vorsichtig aus der Schale lösen und in Spalten schneiden. Die Zitrone auspressen. Die Avocados mit etwas Zitronensaft und 2 EL Öl marinieren.
2. Die Kidneybohnen mit Wasser abspülen und trocken tupfen. Den Thunfisch grob zerteilen und mit dem restlichen Öl vermengen. Mit Pfeffer, Salz, restlichem Zitronensaft sowie Oregano würzen und abschmecken.
3. Die Avocadospalten behutsam untermengen und mit den Kapernäpfeln garnieren. Dazu passt geröstetes Baguette.

Tipp

Mit den Kapernäpfeln bekommt der Salat eine außergewöhnliche, leicht scharfe Note. Je kleiner sie sind, desto besser schmecken sie.

Salat
- 6 Eier
- 200 g Stangensellerie
- 200 g geräucherte Forellenfilets
- 1 Bund Schnittlauch
- 50 g Forellenkaviar

Dressing
- 100 g Mayonnaise
- 150 g Joghurt
- 3 EL Meerrettich
- Salz

Eiersalat mit Forellenduo

🕐 15 Minuten ✴ 4 Portionen

1. Die Eier 10 Minuten hart kochen, abschrecken, schälen und achteln. Den Stangensellerie putzen, waschen und schräg in möglichst dünne Scheiben schneiden.
2. Die Forellenfilets häuten und schräg in etwa 2 cm breite Streifen schneiden.
3. Die Mayonnaise mit Joghurt, Meerrettich und einer Prise Salz glatt rühren. Den Schnittlauch waschen, trocken schleudern und in feine Röllchen schneiden.
4. Sellerie und Forellenstreifen mit der Hälfte des Dressings vermengen. Eierspalten darüber verteilen, restliches Dressing darübergeben und mit Schnittlauch und Kaviar garnieren.

Tipp

Die hellen, feinen Blätter der Selleriestangen haben ein tolles Aroma und eignen sich hervorragend zum Garnieren oder klein gehackt als würziger Kräuterersatz.

»Diesen **köstlichen Salat** wünschen sich meine Gäste immer wieder.«

Salat
- 200 g Weißbrot, z. B. Ciabatta
- 3 EL Butter
- 500 g gegarter Tafelspitz
- 190 g Perlzwiebeln aus dem Glas
- 150 g Mais aus der Dose
- 120 g Feldsalat

Dressing
- 6 EL Olivenöl
- 4 EL Balsamico-Essig
- Salz
- Pfeffer aus der Mühle

Bäuerlicher Tafelspitzsalat mit Croûtons

⏱ 25 Minuten ✶ 4 Portionen

1. Das Weißbrot in 2 cm große Würfel schneiden und bei mittlerer Hitze in einer Pfanne von allen Seiten leicht anrösten. Die Butter am Rand der Pfanne nach und nach schmelzen und die Croûtons darin goldbraun rösten. Auf einem Küchenpapier auskühlen lassen.
2. Das Öl mit dem Essig verrühren und mit Salz und Pfeffer würzen.
3. Ein Drittel des Dressings auf vier Teller verteilen. Den Tafelspitz gegen die Faser in dünne Scheiben schneiden und kreisförmig gefächert anrichten. Die Perlzwiebeln und den Mais darauf verteilen.
4. Den Feldsalat putzen, waschen und in der Mitte der Teller anrichten. Das restliche Dressing über allem verteilen und die Croûtons darüberstreuen.

Tipp

Um den Croûtons eine mediterrane Note zu geben, können Sie beim Anrösten eine angepresste Knoblauchzehe und ein paar Zweige Thymian und Rosmarin dazugeben.

- 0,2 g Safranfäden (1 Döschen)
- 250 g Langkornreis
- 1 EL Butter
- 250 g TK-Erbsen
- 100 g Karotten
- 100 g Sellerie
- 100 g Lauch
- 1 kg Miesmuscheln
- 4 EL Speiseöl
- 150 ml Weißwein
- ½ Bund Dill
- 2 Zitronen
- Pfeffer aus der Mühle
- Salz

Safran-Reis-Salat mit Miesmuscheln

🕐 40 Minuten ✳ 4 Portionen

1. Den Safran in 2 EL kaltem Wasser einweichen. Den Reis mit Butter in etwa 500 ml gesalzenem Wasser gar kochen. Nach der Hälfte der Garzeit den eingeweichten Safran mit dem Wasser zugeben. Die gefrorenen Erbsen 5 Minuten vor Ende der Garzeit unterrühren.
2. Den gegarten Reis in einem Sieb abtropfen lassen, dann auf ein Blech geben und auskühlen lassen.
3. Karotten und Sellerie schälen, mit dem Lauch waschen und alles in feine Streifen schneiden.
4. Die Muscheln im Waschbecken mit kaltem Wasser abspülen und gut abbürsten. Muscheln mit beschädigter oder geöffneter Schale und solche, die sich bei leichtem Klopfen auf die Arbeitsfläche nicht schließen, aussortieren. Das Muschelbärtchen mit einem Messer entfernen.
5. 2 EL Öl in einen großen Topf geben und das Gemüse bei mittlerer Hitze darin glasig dünsten. Mit dem Weißwein ablöschen, die Muscheln zugeben und zugedeckt in ca. 7 Minuten bei starker Hitze garen.
6. Die Muscheln durch ein Sieb abgießen, das Muschelfleisch aus den Schalen lösen und mit den Gemüsestreifen unter den Reis mischen.
7. Den Dill hacken und unter den Reis mischen. 1 Zitrone auspressen, die zweite Zitrone in Spalten schneiden. Zitronensaft mit Salz und Pfeffer verrühren, das restliche Öl hinzufügen, verrühren, mit den Salatzutaten vermengen und abschmecken. Den Salat mit den Zitronenspalten anrichten.

»Saison haben **Miesmuscheln** nur in den Monaten, in deren Name ein „r" vorkommt.«

- 300 g Bismarckhering
- 300 g Pastinaken
- 12 Wachteleier
- 5 EL Essig
- Salz
- Pfeffer aus der Mühle
- 200 g saure Sahne
- 100 g Winterportulak

Heringssalat mit Wachteleiern

🕐 20 Minuten ✴ 4 Portionen

1. Die Bismarckheringe trocken tupfen und in mundgerechte Stücke schneiden.
2. Die Pastinaken schälen, in ½ cm dicke Scheiben schneiden und ca. 3 Minuten in gesalzenem kochendem Wasser blanchieren. Abschrecken und abtropfen lassen.
3. Die Schale der Wachteleier mit einem kleinen scharfen Messer vorsichtig einritzen. Die Eier in eine Schale schlagen, ohne die Eidotter zu verletzen. 1,5 Liter Wasser zum Kochen bringen, Essig und 1 EL Salz zugeben. Die Temperatur so reduzieren, dass das Wasser nur noch leicht simmert, also nicht kocht. Die Eier vorsichtig in das Wasser gleiten lassen und 1½ Minuten pochieren. Mit einer Schaumkelle behutsam herausnehmen und auf einem Küchenpapier abtropfen lassen.
4. Die saure Sahne mit Pfeffer und Salz würzen und abschmecken.
5. Den Portulak putzen, waschen und trocknen und mit den Heringsstücken, Pastinakenscheiben und der sauren Sahne vermengen. Die Wachteleier darüber verteilen, salzen und pfeffern.

Tipp

Je frischer die Eier sind, desto besser legt sich das Eiweiß beim Pochieren um den Eidotter.

Salat
- 100 g Karotten
- 80 g Sellerie
- 80 g Lauch
- 200 g Graupen
- Salz
- ½ Kopf Eichblattsalat
- 150 g geräucherte Entenbrust

Dressing
- 5 EL Rotweinessig
- 6 EL Walnussöl
- Zucker
- Pfeffer aus der Mühle

Graupensalat mit Entenbrust

🕐 35 Minuten • 4 Portionen

1. Karotten und Sellerie putzen, mit dem Lauch waschen und alles in ½ cm große Würfel schneiden.
2. Die Graupen in Salzwasser etwa 20 Minuten gar kochen. Das Gemüse 5 Minuten vor Ende der Garzeit zugeben. Dann das Wasser abgießen und die Graupen mit dem Gemüse abkühlen lassen.
3. In der Zwischenzeit den Eichblattsalat putzen, waschen und in mundgerechte Stücke zupfen. Die Entenbrust in dünne Scheiben schneiden.
4. Essig und Öl vermengen, mit Zucker, Pfeffer und Salz würzen und abschmecken. Den Salat mit Graupen und Dressing mischen. Mit den Entenbrustscheiben auf Tellern anrichten.

»**Graupen** sind lange Zeit in Vergessenheit geraten. Die **Gersten- oder Weizenkörner** sind sehr leicht zuzubereiten und in **Suppen** und **Eintöpfen** eine gute **Alternative zu Reis und Nudeln**.«

- 150 g Landjäger
- 150 g Pumpernickel
- 2 Äpfel, z. B. Braeburn
- 450 g Sauerkraut
- 1 Bund Schnittlauch
- 6 EL Sonnenblumenöl
- Salz
- Pfeffer aus der Mühle

Sauerkrautsalat mit Landjäger

 20 Minuten * 4 Portionen

1. Die Landjäger in ½ cm dicke Scheiben schneiden. Den Pumpernickel rautenförmig in mundgerechte Stücke schneiden.
2. Die Äpfel waschen, vierteln, entkernen und in dünne Spalten schneiden. Das Sauerkraut etwas ausdrücken, gut auflockern und mit Wurst, Pumpernickel, Äpfeln und Öl vermischen, mit Salz und Pfeffer würzen und abschmecken.
3. Den Schnittlauch waschen, trocken schleudern, in feine Röllchen schneiden und über dem Salat verstreuen.

Tipp

Für den Salat eignen sich auch Würste wie Chorizo, Kabanossi oder Debrecziner.

- ✳ 2 Grapefruits
- ✳ 2 EL Zitronensaft
- ✳ 6 EL Olivenöl
- ✳ Salz
- ✳ Pfeffer, grob geschrotet
- ✳ 400 g Fenchel
- ✳ 1 rote Zwiebel
- ✳ 200 g Trevisanosalat (eine Radicchio-Art)

Fenchel-Grapefruit-Salat

🕐 15 Minuten ✳ 4 Portionen

1 Die Grapefruits schälen, mit einem scharfem Messer die weiße Haut entfernen, die Filets zwischen den Trennhäutchen herausschneiden, dabei den austretenden Saft auffangen. Für das Dressing den Grapefruitsaft mit Zitronensaft und Olivenöl verrühren, mit Salz und Pfeffer würzen und abschmecken.

2 Den Fenchel waschen, das Grün beiseitelegen. Den weißen Teil des Fenchels halbieren, den Strunk entfernen. Die Zwiebel schälen und mit dem Fenchel in dünne Scheiben schneiden oder hobeln.

3 Den Trevisano waschen, einige Blätter beiseitelegen, die restlichen Blätter quer in 2 cm breite Streifen schneiden.

4 Fenchel, Zwiebel, Grapefruit und Trevisano mit dem Dressing vermengen. Den Salat mit Trevisanoblättern und Fenchelgrün anrichten.

»Diesen Salat werden **Genießer** wegen des **besonderen Geschmacks** schätzen, aber auch wegen der Optik. Das Auge isst ja bekanntlich mit – die Blätter des **Trevisanosalats** sind wunderschön.«

- 600 g grüne Bohnen
- 150 g Frühstücksspeck (Bacon)
- 1 Zwiebel
- 5 EL Speiseöl
- 6 EL Apfelessig
- 2 Birnen
- Pfeffer aus der Mühle
- Salz

Birnen-Bohnen-Speck-Salat

🕒 35 Minuten * 4 Portionen

1. Die Bohnen putzen, waschen und in mundgerechte Stücke schneiden. In Salzwasser gar kochen, durch ein Sieb abschütten, dann mit kaltem Wasser abschrecken.
2. Den Speck mit 1 EL Öl bei mittlerer Hitze in einer beschichteten Pfanne knusprig braten und auf Küchenpapier abtropfen lassen.
3. Die Zwiebel fein würfeln und mit dem restlichem Öl und Essig vermischen.
4. Die Birnen waschen, nicht schälen, vierteln, entkernen und in etwa 1 cm große Würfel schneiden.
5. Birnen, Bohnen und Zwiebel vermengen, mit Pfeffer und Salz würzen und abschmecken. Den knusprigen Speck grob zerteilen und über den Salat streuen.

Tipp

Wenn Sie einen Birnen- oder Quittenessig haben, dann nehmen Sie ihn für diesen Salat – das fruchtig-frische Aroma passt perfekt zu dem deftigen Salat.

Salat
- 600 g Mandarinen
- 350 g Chicorée
- 80 g Cashewkerne
- 1 fertig gegartes Brathähnchen
- Salz

Dressing
- 150 g Joghurt
- 50 g Mayonnaise
- 2 EL Ketchup
- 3 TL Currypulver

Hähnchen-Mandarinen-Salat mit Chicorée

30 Minuten * 4 Portionen

1. Die Mandarinen schälen und filetieren, dabei den Saft auffangen. Den Chicorée waschen, einige Blätter zum Garnieren beiseitelegen und den Rest in 1 cm breite Streifen schneiden.
2. Die Cashewkerne in einer Pfanne ohne Fett bei mittlerer Hitze anrösten.
3. Joghurt, Mayonnaise, Ketchup und Curry verrühren, mit Salz und Mandarinensaft abschmecken.
4. Das Fleisch des Hähnchens auslösen und in 1,5 cm dicke Scheiben schneiden. In einer Schüssel mit Chicorée, Cashewkernen und Mandarinen vermengen. Das Dressing darübergeben und mit Chicoréeblättern garnieren.

Tipp

Das Dressing kann mit einem Spritzer Weinbrand noch etwas pikanter gemacht werden.

- ∗ 500 g gegarte Rote Bete (Fertigprodukt)
- ∗ 1 reife Mango
- ∗ 2 Bio-Limetten
- ∗ 1 Stück Ingwer (etwa 2 cm)
- ∗ 6 Stängel Koriander
- ∗ Salz

Rote Bete mit Mango, Ingwer und Koriander

🕐 10 Minuten ∗ 4 Portionen

1. Die Rote Bete vierteln und in 2 cm große Würfel schneiden. Die Mango schälen, das Fruchtfleisch vom Kern und in Spalten schneiden.
2. Von den Limetten vier dünne Scheiben abschneiden und zum Garnieren beiseitelegen, die restlichen Früchte auspressen. Den Ingwer schälen und fein würfeln, mit dem Limettensaft verrühren und mit Salz abschmecken.
3. Den Koriander fein hacken und mit Roter Bete, Mango und Dressing gut vermengen. Die Limettenscheiben bis zur Mitte einschneiden, ineinanderdrehen und den Salat damit garnieren.

Tipp

Frische Rote Bete kann ungeschält auch mit etwas Kümmel in Salzwasser gekocht oder in Alufolie gewickelt im Ofen gegart werden. Durch Hineinstechen mit einem kleinen Messer lässt sich prüfen, ob die Knolle gar ist.

Salat
- 1 Grapefruit
- 2 Orangen
- ½ Ananas
- 2 Kiwis
- 50 g Kokosraspel

Dressing
- 400 ml Kokosmilch
- 2 EL Zitronensaft
- 2 EL brauner Zucker

Obstsalat mit Kokoscreme

25 Minuten • 4 Portionen

1. Grapefruit und Orangen schälen, die weiße Haut abschneiden und die Früchte filetieren. Die Ananas schälen, den Strunk entfernen und das Fruchtfleisch in mundgerechte Stücke schneiden. Die Kiwis schälen und in Scheiben schneiden. Alles in einer Schüssel vermengen.
2. Die Kokosmilch mit Zitronensaft und Zucker zu einem Dressing verrühren. Das Obst mit dem Dressing übergießen und mit Kokosraspeln bestreuen.

»**Kokosmilch** entsteht aus dem zerkleinerten und ausgepressten **Kokosfleisch**, dem etwas **Wasser** zugegeben wurde.«

- 1 Zitrone
- 600 g Rotkohl
- 3 TL Zucker
- 1 Prise Zimt
- 4 EL Speiseöl
- 2 Orangen
- 2 Grapefruits
- ½ Bund Petersilie

Rotkohlsalat mit Zitrusfrüchten

25 Minuten * Marinierzeit: 30 Minuten * 4 Portionen

1. Die Zitrone auspressen. Den Rotkohl putzen, waschen, halbieren und quer zur Wuchsrichtung in feine Streifen schneiden oder hobeln. Mit Zitronensaft, Zucker, Zimt und Öl kräftig mit den Händen durchkneten und 30 Minuten ziehen lassen.
2. Orangen und Grapefruits schälen, die weiße Haut entfernen und die Früchte filetieren. Die Petersilie waschen, trocken schleudern und fein hacken.
3. Den Rotkohl nochmals kräftig durchkneten, dann mit Petersilie, Orangen- und Grapefruitfilets vermengen.

Tipp

Zu diesem Salat passt auch die Pomelo. Sie sieht aus wie die große Schwester der hellen Grapefruit und schmeckt etwas süßlicher. Und die Filets lassen sich leichter aus den weißen Zwischenhäuten lösen.

Salat
* 200 g Feldsalat
* 200 g entsteinte Trockenpflaumen
* 1 rote Zwiebel
* 1 Bio- Zitrone
* 400 g geräucherte Sprotten

Dressing
* 200 g Joghurt
* Salz
* Pfeffer, grob geschrotet
* Zitronensaft

Feldsalat mit Sprotten und Pflaumen

🕐 20 Minuten * 4 Portionen

1. Den Feldsalat putzen und gründlich waschen. Die Pflaumen halbieren. Die Zwiebel schälen und in feine Ringe schneiden. Die Zitrone waschen, abtrocknen und in Achtel schneiden.
2. Joghurt, Salz, Pfeffer sowie etwas Zitronensaft verrühren und abschmecken.
3. Den Feldsalat auf Tellern anrichten, Zwiebelringe und Dörrpflaumen darüber verteilen und die Sprotten unzerkleinert dazulegen. Mit Dressing und Zitronenspalten servieren.

Tipp

****

Bei Sprotten handelt es sich um junge Tiere einer kleinen Heringgattung. Alternativ können Sie auch anderen Räucherfisch verwenden.

****

Salat
- 400 g reife Papaya
- 1 Kopf Lollo Rosso
- 350 g Entenleber
- 2 EL Butter
- Salz
- Pfeffer aus der Mühle

Dressing
- 3 EL Preiselbeeren aus dem Glas
- 2 EL Essig
- 4 EL Speiseöl

Fruchtiger Lollo Rosso mit Entenleber

25 Minuten * 4 Portionen

1. Die Papaya halbieren, die Kerne mit einem Löffel herausschaben, das Fruchtfleisch von der Schale lösen und in mundgerechte Würfel schneiden. Den Salat putzen, waschen, trocken schleudern und klein zupfen.
2. Aus Preiselbeeren, Essig und Öl ein Dressing rühren, mit Salz und Pfeffer abschmecken.
3. Die Entenlebern putzen, mit kaltem Wasser abspülen und trocken tupfen. Die Butter in einer Pfanne erhitzen und die Lebern bei mäßiger Hitze je nach Größe etwa 5–10 Minuten braten, dann mit Salz und Pfeffer würzen.
4. Die Lebern in Scheiben schneiden und mit Papaya, Lollo Rosso und Dressing vermengen.

Tipp

Statt Entenleber können Sie auch Kalbsleber verwenden.

Salat
- 500 g Topinambur
- 250 g Karotten
- 120 g getrocknete Cranberrys
- 50 g Radieschensprossen

Dressing
- 4 EL Apfelessig
- 4 EL Speiseöl
- 2 EL süßer Senf

Topinambursalat mit Sprossen

⏱ 25 Minuten ✱ 4 Portionen

1. Die Topinambure waschen, schälen, in ½ cm dicke Scheiben schneiden und in gesalzenem, kochendem Wasser etwa vier Minuten blanchieren. Abtropfen lassen.
2. Die Karotten schälen und grob in Streifen hobeln. Die Cranberrys grob hacken. Die Sprossen waschen und mit Karottenstreifen und Topinambur mischen.
3. Essig, Öl und Senf zum Dressing verrühren und mit dem Salat vermengen.

Tipp

Topinambure gehören zur Gattung der Sonnenblume und haben ebenfalls leuchtend gelbe Blüten. Ihre essbaren, süßlich schmeckenden Wurzelknollen sind gekocht, gebacken oder gedünstet eine hervorragende Alternative zu Kartoffeln und Co.

Salat
- 160 g Belugalinsen
- Salz
- 240 g Artischockenherzen, in Olivenöl eingelegt
- 1 Bund Petersilie
- 1 Zwiebel
- 100 g schwarze Oliven ohne Stein

Dressing
- 2 kleine Knoblauchzehen
- 4 EL Balsamico-Essig
- Pfeffer aus der Mühle
- evtl. Zucker

Linsensalat mit Artischockenherzen

🕐 30 Minuten ✷ Einweichzeit: 2 Stunden ✷ 4 Portionen

1. Die Linsen mit Wasser abspülen und in 300 ml warmem Wasser 2 Stunden einweichen. Anschließend salzen und 10–15 Minuten kochen.
2. Das Öl von den Artischocken abgießen und auffangen, die Artischockenherzen halbieren.
3. Die Petersilie hacken. Die Zwiebel schälen und fein würfeln. Beides mit Linsen, Artischocken und Oliven vermengen.
4. Die Knoblauchzehen schälen und fein würfeln. Aus 7 EL Artischockenöl, Essig, Knoblauch, Salz und Pfeffer ein Dressing rühren, abschmecken. Eventuell etwas Zucker hinzufügen und nochmals abschmecken. Den Salat mit dem Dressing vermischen und anrichten.

Tipp

Um den Linsen ein noch feineres Aroma zu geben, können Sie zum Einweichen einen Zweig Thymian und eine angepresste Knoblauchzehe geben und anschließend mitkochen.

»Die kleinen **schwarzen Linsen** mit dem **feinen Geschmack** sind **eine Bereicherung** für viele Salate und Gerichte.«

Dressing
- 2 TL mittelscharfer Senf
- 1 TL Honig
- 3 EL weißer Balsamico-Essig
- 6 EL Speiseöl
- Salz

Salat
- 500 g Schwarzwurzeln
- 300 g Grünkohl
- 350 g Kräutersaitlinge
- 1 EL Butter

Schwarzwurzelsalat mit Kräutersaitlingen

⏱ 30 Minuten ✻ 4 Portionen

1. Senf, Honig, Essig und Öl zum Dressing verrühren, salzen und abschmecken.
2. Die Schwarzwurzeln waschen, schälen und schräg in 3–4 cm große Stücke schneiden. In gesalzenem Wasser 5–10 Minuten bissfest kochen.
3. Den Grünkohl von den Stielen zupfen und in kochendem Salzwasser 1 Minute blanchieren. Mit kaltem Wasser abschrecken und abtropfen lassen.
4. Die Kräutersaitlinge putzen und in ½ cm dicke Scheiben schneiden. Die Butter in einer Pfanne erhitzen und die Pilze bei mittlerer Hitze darin goldbraun braten.
5. Die Pilze auf Tellern anrichten, Schwarzwurzeln und Grünkohl darüber verteilen und das Dressing über den Salat geben.

Tipp

Grünkohl braucht kräftige Fröste, um sein volles Aroma zu entwickeln. Durch die Kälte entstehen Zucker in der Pflanze und die geben dem Kohl den richtigen Geschmack.

Salat
- 200 g Farfalle (Schmetterlingsnudeln)
- Salz
- 80 g Sonnenblumenkerne
- 250 g Lauch
- 300 g Feta
- 1 Zitrone
- 2 Äpfel

Dressing
- 300 g Joghurt
- 6 EL Sonnenblumenöl
- ½ TL Zucker
- Pfeffer aus der Mühle

Nudel-Apfel-Salat mit Lauch und Feta

🕐 30 Minuten * 4 Portionen

1. Die Nudeln in ausreichend Salzwasser nach Packungsanleitung bissfest kochen, mit kaltem Wasser abschrecken und gut abtropfen lassen.
2. Die Sonnenblumenkerne in einer Pfanne ohne Fett bei schwacher Hitze anrösten, bis sie zu duften beginnen.
3. Den Lauch putzen, waschen und schräg in dünne Ringe schneiden. Den Feta in kleine Würfel schneiden. Die Zitrone auspressen, die Äpfel waschen, schälen, vierteln, entkernen, würfeln und mit dem Zitronensaft beträufeln. Alles mit den Nudeln vermischen.
4. Für das Dressing Joghurt, Sonnenblumenöl und Zucker verrühren. Mit Pfeffer und Salz würzen, abschmecken und unter den Nudelsalat mengen. Die Sonnenblumenkerne darüber streuen.

Auch Spiralnudeln eignen sich sehr gut für diesen Salat.

- 100 g Spinat
- 250 g Couscous
- 1 Messerspitze Chilipulver
- Salz
- 350 ml Gemüse- oder Geflügelbrühe
- 350 g große Datteln
- 1 Granatapfel
- Saft von 1 Zitrone
- 100 g Korinthen
- 30 g Pistazien
- 6 EL Olivenöl

Orientalischer Couscoussalat mit Datteln

30 Minuten * Ziehzeit: 5 + 15 Minuten * 4 Portionen

1. Den Spinat putzen, waschen und mit Couscous, Chili und Salz vermengen. Die Brühe aufkochen, darübergießen und mindestens 5 Minuten einziehen lassen.
2. Die Datteln vierteln und von den Kernen befreien.
3. Die Schale des Granatapfels um den Strunk herum einschneiden und den Strunk entfernen. Die Haut wie bei einer Orange einschneiden und die Frucht auseinanderbrechen, die Kerne mit den Fingern auslösen.
4. Zitronensaft, Granatapfelkerne, Korinthen, Pistazien und Olivenöl verrühren und unter den Couscous mischen. Den Salat 15 Minuten ziehen lassen, salzen und abschmecken.

Tipp

Für einen etwas kräftigeren Geschmack kann der Couscous vor dem Quellen in einer Pfanne leicht angeröstet werden.

Salat
- 250 g Vollkornbaguette
- 2 EL Butter
- 250 g Gorgonzola
- ½ Kopf Eichblattsalat
- 100 g Walnusskerne
- 150 g Quitten-, Apfel- oder Birnengelee

Dressing
- 4 EL Balsamico-Essig
- 2 EL Walnussöl
- Pfeffer aus der Mühle
- Salz

Brotsalat mit Gorgonzola

🕒 20 Minuten * 4 Portionen

1. Das Baguette in 2 cm große Würfel schneiden. Die Butter in einer großen Pfanne erhitzen und die Brotwürfel bei mäßiger Hitze von allen Seiten knusprig rösten.
2. Den Gorgonzola in Würfel schneiden. Den Eichblattsalat putzen, waschen, trocken schleudern und in mundgerechte Stücke zupfen.
3. Aus Balsamico, Walnussöl, Pfeffer und Salz ein Dressing rühren und abschmecken.
4. Brotwürfel, Gorgonzola und Eichblattsalat miteinander vermengen. Die Walnüsse grob zerkleinern und mit dem Fruchtgelee auf den Salat geben. Das Dressing darüber träufeln.

- 600 g Pak Choi
- 2 Stängel Zitronengras
- 400 g Rindfleisch (Filet oder Hüfte)
- Salz
- Pfeffer aus der Mühle
- 2 EL Speiseöl
- 2 EL Sojasoße
- 4 TL Schwarzkümmel
- 4 EL Chilisoße
- 100 g Glasnudeln

Asiatischer Rindfleischsalat mit Pak Choi

⏱ 30 Minuten • Marinierzeit: 10 Minuten • 4 Portionen

1. Den Pak Choi putzen, waschen und in 1,5 cm breite Streifen schneiden. Das Zitronengras von den äußeren Schichten befreien und in dünne Ringe schneiden. Das Rindfleisch von Sehnen und Fett befreien und in fingerdicke Streifen schneiden.
2. Den Pak Choi in kochendem Salzwasser etwa 1 Minute blanchieren, mit kaltem Wasser abschrecken und gut abtrocknen lassen.
3. Das Fleisch mit Pfeffer und Salz würzen und mit 1 EL Öl in einer Pfanne von allen Seiten kurz scharf anbraten, bis es Farbe genommen hat. Aus der Pfanne nehmen und auf einem Teller beiseitestellen.
4. Das Zitronengras in dem restlichen Öl bei mäßiger Hitze glasig anschwitzen, Sojasoße und Schwarzkümmel zugeben und den Herd ausschalten. Die Chilisoße zugeben, alles glatt rühren, das Fleisch zugeben und gut vermengen, dann 10 Minuten ziehen lassen.
5. Die Glasnudeln nach Packungsanleitung mit kochendem Wasser übergießen, etwas stehen lassen, dann zum Abtropfen in ein Sieb schütten. Die langen Nudeln mit einer Schere klein schneiden. Dann mit Pak Choi und Fleisch vermengen.

Tipp

Pak Choi wird auch unter den Bezeichnungen Senf- oder Blätterkohl angeboten.

Salat
- 300 g getrocknete Tomaten in Öl
- 2 kleine rote Zwiebeln
- 500 g weiße Bohnen aus der Dose

Dressing
- ½ Bund Petersilie
- 1 Knoblauchzehe
- 2 EL Tomatenmark
- 1–2 TL gerebelter Oregano
- 4 EL weißer Balsamico-Essig
- 2 EL Kapern

Bohnensalat mit Trockentomaten

⏱ 15 Minuten ✷ Ziehzeit: 10 Minuten ✷ 4 Portionen

1. Das Öl von den Tomaten abgießen, dabei 4 EL für das Dressing auffangen. Die Tomaten in kleine Stücke schneiden. Die Zwiebeln schälen und fein würfeln. Die Bohnen abgießen und mit den Tomaten- und Zwiebelstückchen mischen.

2. Die Petersilie waschen und fein hacken. Die Knoblauchzehe schälen, fein würfeln und mit dem Öl der Trockentomaten, Tomatenmark, Oregano und Essig zu einem glatten Dressing verrühren. Die Kapern hinzufügen und unterrühren.

3. Das Dressing mit der Bohnen-Tomaten-Mischung verrühren und etwa 10 Minuten ziehen lassen.

»Das Öl von **eingelegtem Gemüse** ist ebenso wie der Sud von Gewürzgurken als Grundlage für **Salatdressings hervorragend** geeignet.«

- 2 Scheiben frisches Roastbeef (je 200 g)
- 2 EL Pflanzenöl
- Salz
- schwarzer frisch gemahlener Pfeffer
- 8 Scheiben Bacon (Frühstücksspeck)
- 3 Möhren
- 700 g Rosenkohl
- 3 EL Butter
- 2 EL Schalottenwürfel
- 100 ml trockener Weißwein
- 150 ml Gemüse- oder Fleischbrühe
- abgeriebene Schale von ½ Bio-Orange
- 2 EL fein gehackte Petersilie
- frisch geriebene Muskatnuss
- 1 EL Ahornsirup

Warmer Rosenkohlsalat mit Roastbeef

🕓 50–60 Minuten ✴ 4 Portionen

1. Das Fleisch in einer Pfanne in Öl von jeder Seite 1 Minute scharf anbraten und auf jeder Seite weitere 4 Minuten garen. Salzen und pfeffern. Herausnehmen, warm stellen und 10 Minuten ruhen lassen. Bacon im Bratfett knusprig braten, ebenfalls warm stellen.
2. Die Möhren in dünne Streifen schneiden, den Rosenkohl putzen und die Blättchen ablösen.
3. 1 EL Butter in der Pfanne erhitzen, die Möhren und die Hälfte der Schalottenwürfel hineingeben und bei mittlerer Hitze 2 Minuten dünsten. Mit 50 ml Weißwein und 50 ml Brühe ablöschen. Nun die Orangenschale einrühren und alles noch 2–3 Minuten garen. Den Pfanneninhalt in eine Schüssel geben.
4. Die restlichen Schalotten in der übrigen Butter andünsten und die Reste von Wein und Brühe angießen. Kurz aufkochen lassen und Rosenkohlblätter sowie Petersilie zufügen. Mit Salz, Pfeffer, Muskat und Ahornsirup würzen und unter Rühren noch 3–4 Minuten garen. Dann ebenfalls in die Schüssel geben.
5. Das Fleisch in Streifen schneiden, mit dem Gemüse vermischen und noch einmal abschmecken. Auf Teller verteilen und die Baconscheiben auflegen.

Tipp

Wenn man das Fleisch ein paar Minuten vor der Zubereitung aus der Kühlung nimmt und wie hier beschrieben brät, ist es innen noch rosa. Sie können es auch etwas länger garen.

»Perfekt **für Gäste**.«

- 250 g Gemüsezwiebeln
- 1 Knoblauchzehe
- 2 EL Olivenöl
- 1 TL getrockneter Oregano
- Saft von 1 kleinen Zitrone
- Salz
- frisch gemahlener Pfeffer
- ½ Chinakohl (ca. 400 g)
- 150 g Schafskäse
- 4 milde Peperoni griechische Art, aus dem Glas

Chinakohlsalat mit Schafskäse

⏱ 20 Minuten ✳ Ziehzeit: 1 Stunde ✳ 4 Portionen

1. Die Zwiebeln und den Knoblauch würfeln. Das Olivenöl in einer Pfanne erhitzen und die Zwiebeln darin glasig dünsten. Dann den Knoblauch hinzufügen und kurz mitdünsten. Zusammen mit dem Bratöl in eine Schüssel geben. Oregano und Zitronensaft untermischen und alles mit Salz und Pfeffer würzen.
2. Den Strunk des Chinakohls herausschneiden und den Kohl quer in ca. 1 cm breite Streifen schneiden. Den Schafskäse fein zerbröseln und die Peperoni quer in dünne Ringe schneiden.
3. Alle Zutaten miteinander vermischen, den Salat 1 Stunde durchziehen lassen und vor dem Servieren noch einmal abschmecken.

Tipp

Das Geschmackstrio Olivenöl, Knoblauch und Zitrone bietet sich zusammen mit gehackten Rosmarinnadeln auch als Marinade für Lammfleisch an.

Rezeptregister

Verlockende Beilagensalate

Selleriesalat mit Schnittlauch. 8
Kartoffel-Endivien-Salat 10
Salat von gebackenem Kürbis 12
Süßkartoffelsalat mit Chinakohl 14
Dressings für Blattsalate 16
Salat vom Winterrettich. 18
Champignonsalat mit Knusper-Müsli 20

Delikate Salate mit Fleisch oder Fisch

Brunnenkressesalat mit Krabben 22
Avocado-Thunfisch-Salat mit Kapern 24
Eiersalat mit Forellenduo 26
Bäuerlicher Tafelspitzsalat mit Croûtons. . . 28
Safran-Reis-Salat mit Miesmuscheln 30
Heringssalat mit Wachteleiern. 32
Graupensalat mit Entenbrust 34
Sauerkrautsalat mit Landjäger 36

Feine Salate mit fruchtiger Note

Fenchel-Grapefruit-Salat 38
Birnen-Bohnen-Speck-Salat 40
Hähnchen-Mandarinen-Salat mit Chicorée 42
Rote Bete mit Mango, Ingwer und
    Koriander 44
Obstsalat mit Kokoscreme 46
Rotkohlsalat mit Zitrusfrüchten 48
Feldsalat mit Sprotten und Pflaumen 50

Köstliche Sattmachersalate

Fruchtiger Lollo Rosso mit Entenleber 52
Topinambursalat mit Sprossen. 54
Linsensalat mit Artischockenherzen. 56
Schwarzwurzelsalat mit Kräutersaitlingen 58
Nudel-Apfel-Salat mit Lauch und Feta 60
Orientalischer Couscoussalat mit Datteln . . 62
Brotsalat mit Gorgonzola 64
Asiatischer Rindfleischsalat mit Pak Choi . . 66
Bohnensalat mit Trockentomaten 68
Warmer Rosenkohlsalat mit Roastbeef . . . 70
Chinakohlsalat mit Schafskäse. 72

Alphabetisches Rezeptregister

Asiatischer Rindfleischsalat mit Pak Choi . . 66
Avocado-Thunfisch-Salat mit Kapern 24
Bäuerlicher Tafelspitzsalat mit Croûtons. . . 28
Birnen-Bohnen-Speck-Salat 40
Bohnensalat mit Trockentomaten 68
Brotsalat mit Gorgonzola 64
Brunnenkressesalat mit Krabben 22
Champignonsalat mit Knusper-Müsli 20
Chinakohlsalat mit Schafskäse. 72
Dressings für Blattsalate 16
Eiersalat mit Forellenduo 26
Feldsalat mit Sprotten und Pflaumen 50
Fenchel-Grapefruit-Salat 38
Fruchtiger Lollo Rosso mit Entenleber 52
Graupensalat mit Entenbrust 34
Hähnchen-Mandarinen-Salat mit Chicorée 42
Heringssalat mit Wachteleiern. 32
Kartoffel-Endivien-Salat 10
Linsensalat mit Artischockenherzen. 56
Nudel-Apfel-Salat mit Lauch und Feta 60
Obstsalat mit Kokoscreme 46
Orientalischer Couscoussalat mit Datteln . . 62
Rote Bete mit Mango, Ingwer und
    Koriander 44
Rotkohlsalat mit Zitrusfrüchten 48
Safran-Reis-Salat mit Miesmuscheln 30
Salat vom Winterrettich. 18
Salat von gebackenem Kürbis 12
Sauerkrautsalat mit Landjäger 36
Schwarzwurzelsalat mit Kräutersaitlingen 58
Selleriesalat mit Schnittlauch. 8
Süßkartoffelsalat mit Chinakoh 14
Topinambursalat mit Sprossen. 54
Warmer Rosenkohlsalat mit Roastbeef . . . 70

Couscous-Salat mit Joghurt-Dip

Zutaten für 4 Personen:
- 200 g Couscous
- 1 große Gemüsezwiebel
- 400 ml Gemüsebrühe
- 1 gelbe Paprika
- 200 g Kichererbsen (Dose)
- 50 g getrocknete Tomaten
- 3 EL Zitronensaft
- 4 EL Olivenöl
- Kreuzkümmel
- Salz, Pfeffer, Zimt
- 1/2 Bund Schnittlauch
- 1 Packung Kresse
- 400 g fettarmer Joghurt
- Paprikapulver

Zubereitung:

Couscous in einen Topf geben. Zwiebel schälen, grob würfeln und dazugeben. Brühe aufkochen, Couscous damit übergießen und etwa 15 Minuten quellen lassen.

Paprika halbieren, waschen, putzen, klein schneiden. Kichererbsen abtropfen lassen. Getrocknete Tomaten klein hacken und mit Paprikastücken und Kichererbsen unter den gequollenen Couscous heben. Mit 2 EL Zitronensaft und Olivenöl vermengen. Mit Kreuzkümmel, etwas Salz, Pfeffer und wenig Zimt kräftig würzen.

Für den Dip Schnittlauch und Kresseblättchen waschen, hacken, mit restlichem Zitronensaft unter den Joghurt rühren. Mit Kreuzkümmel, Salz, Pfeffer und etwas Paprikapulver würzen. Zum Salat servieren.

Zubereitungszeit: etwa 25 Minuten

Pro Person ca. 435 kcal (= 1820 kJ), 17 g Eiweiß, 13 g Fett, 62 g Kohlenhydrate, 11 g Ballaststoffe

144 Seiten, durchgehend Farbfotos

ISBN 978-3-572-08169-1

Bio-Spitzenkoch Konrad Geiger geht es vor allem um den Genuss. Und der kann nur entstehen, wenn drei Anforderungen erfüllt sind: Die Produkte müssen aus ökologischem Anbau stammen, Obst und Gemüse auf dem Höhepunkt der Reife geerntet werden und das Rezept muss die verschiedenen Aromen und Texturen optimal verbinden. Mit den Rezepten und Tipps von Konrad Geiger lernen Sie neue Genusswelten kennen!

Besuchen Sie uns auch auf

www.bassermann-verlag.de

1. Auflage

ISBN: 978-3-572-08133-2

© 2015 by Bassermann Inspiration, einem Unternehmen
der Verlagsgruppe Random House GmbH, 81673 München

Die Verwertung der Texte und Bilder, auch auszugsweise, ist ohne
Zustimmung des Verlags urheberrechtswidrig und strafbar. Dies
gilt auch für Vervielfältigungen, Übersetzungen, Mikroverfilmung und
für die Verarbeitung mit elektronischen Systemen.

Umschlaggestaltung: Atelier Versen, Bad Aibling
Bildredaktion: Sabine Kestler
Herstellung: Elke Cramer
Projektleitung: Anja Halveland
Fotografie und Setstyling: Karl Newedel, München
Foodstyling: Katharina Newedel, München
Satz: Nadine Thiel, kreativsatz, Baldham
Layout: Katharina Schweissguth, Visuelle Kommunikation, München

Rezepte Seite 70–73: Martin Lagoda, Hamburg

Die Ratschläge in diesem Buch sind vom Autor und vom Verlag sorgfältig
erwogen und geprüft, dennoch kann eine Garantie nicht übernommen
werden. Eine Haftung des Autors bzw. des Verlags und seiner Beauftragten für Personen-, Sach- und Vermögensschäden ist ausgeschlossen.

Reproduktion: PrePrint Produktion Zoran Dietner, München
Druck und Verarbeitung: Druckerei Theiss, St. Stefan im Lavanttal

Printed in Austria

Verlagsgruppe Random House FSC® N001967
Das für diesen Titel verwendete FSC®-zertifizierte Papier *Profisilk*
wurde produziert von Sappi Stockstadt.

... denn Gesundheit kann man essen!

144 Seiten, durchgehend Farbfotos
ISBN 978-3-572-08172-1

Wohlbefinden und Ernährung hängen unabdingbar zusammen. Das hat Liesel Malm, die Kräuter-Liesel, nach einer ernsten Erkrankung selbst erlebt. Vollwertige, fleischlose Gerichte, mit wirksamen und schmackhaften Kräutern und Gewürzen veredelt, stehen deshalb seit Jahren auf ihrem Speiseplan. Und sie beweist mit jedem Rezept in diesem Buch, dass gesundes Essen auch gut schmeckt!

Besuchen Sie uns auch auf

www.bassermann-verlag.de